LES INSECTES
DANS L'ENQUÊTE
POLICIÈRE

Collection « Plaisirs d'Insectes »

ISBN 2-85004-062-2

Collection « Plaisirs d'Insectes »

Philippe **BÉRENGER-LÉVÈQUE**

LES INSECTES DANS L'ENQUÊTE POLICIÈRE

Photos en couleurs de Jacques Delacour, Daniel Lainé, Norbert Verdié

1990
Société Nouvelle des Editions BOUBEE
9, rue de Savoie – 75006 Paris

L'auteur adresses ses plus vifs remerciements à Monsieur le Professeur Armand André, directeur de l'Institut Médico-légal de Liège, pour l'avoir reçu et conseillé, à Monsieur le Docteur Georges Brahy, médecin légiste, à Monsieur le Docteur Pol Dodinval, médecin légiste, et à Monsieur Jules Gros leur assistant.

L'auteur ne saurait oublier Monsieur Marcel Leclercq, docteur en médecine, entomologiste, et Monsieur Charles Verstraeten, professeur d'entomologie à la Faculté des Sciences Agronomiques de Gembloux, délicieux complices sans lesquels ce livre n'aurait pu exister.

Il adresse enfin une pensée toute particulière à Mademoiselle Monique Fouray, conservateur adjoint au Museum d'Histoire Naturelle de Rouen, pour lui avoir prêté les Lépidoptères de la page 40, et à Monsieur André Fages, entomologiste du Sud-Aveyron, lequel lui a fourni cinq petits Coléoptères – dont le rare Cléride a corselet rouge photographié page 32.

L'ENQUÊTE POLICIÈRE

Une personne a disparu

La police ou la gendarmerie, alertée par les proches du disparu, mène une recherche.

Le procureur de la république, ou l'un de ses substituts, est averti, et le parquet ouvre une enquête.

Le temps s'écoule.

Des battues collectives sont organisées sur tel ou tel secteur, si des renseignements suffisamment précis permettent d'en espérer un quelconque résultat.

A l'écart, dissimulé par son immobilité-même, quelquefois dans un endroit aussi surprenant qu'inaccessible, le corps s'altère. A mesure que les jours et les nuits passent et le défigurent, il devient de plus en plus méconnaissable, anonyme. L'été le fait disparaître en quelques semaines, tandis que l'hiver ralentit sa dégradation, et le frigorifie jusqu'au réchauffement général du printemps suivant.

Mais quel que soit le niveau d'altération atteint au moment de sa découverte, les enquêteurs sont chargés de faire la lumière sur l'identité, la date, le lieu et les causes de son décès.

La complexité des situations dans lesquelles il y a mort d'homme requiert des méthodes de recherche de plus en plus sophistiquées.

La création d'une «police scientifique» répond au besoin croissant d'efficacité et de gain de temps.

Des méthodes perfectionnées se mettent en place, très progressivement, dans certains centres de police.

Aucune phase de l'enquête n'échappe à la modernisation en cours, à commencer par l'inspection du lieu de découverte d'un gisant. Toutes les composantes de la «scène» bénéficient d'une attention particulière, et les exigences de la récente micro-analyse dictent aux enquêteurs des comportements nouveaux.

Vêtus de plus en plus souvent d'une combinaison blanche, de gants et de surbottes, les policiers ou les gendarmes effectuent, en véritables experts, des prélèvements de tout calibre, depuis les éléments les plus évidents jusqu'aux plus fines particules, invisibles à l'œil nu.

Le corps localisé, un périmètre de sécurité est dessiné autour de lui. Celui-ci peut correspondre à une pièce, une maison, ou à ce qu'un ruban, à l'air libre, délimite de façon ponctuelle.

L'inspection en lieu clos s'avère relativement simple, dans la mesure où ce qui meuble le lieu se circonscrit facilement. Dans la nature en revanche, tout élément du périmètre établi vaut comme indice, et leur nombre est par expérience infini... Des échantillons de terre sont prélevés près du corps et à distance; la végétation herbacée et arborescente est examinée, et pour une large part délicatement recueillie dans des sacs. Tous les objets immédiatement visibles, tels que papiers, tissus et biens personnels sont récupérés, et toute pièce métallique recherchée au moyen d'un détecteur. Des clichés photographiques du corps et de ses environs sont méthodiquement réalisés. Toute trace dans le sol, telles que des empreintes de chaussures et de pneus, est examinée et souvent moulée. Les prélèvements ainsi faits livreront de précieuses micro-particules qui, comparées à celles rencontrées d'une part sur des suspects, et d'autre part sur les chaussures et les vêtements du défunt, permettront peut-être, grâce au renfort d'indices plus grands, de répondre aux premières questions, notamment celles de savoir où et quand l'intéressé est mort.

Le corps est en effet d'autant moins «parlant» et identifiable qu'il est dégradé profondément, aussi cherche-t-on par tous les moyens à déterminer la date de sa mort. L'analyse des particules, grâce au microscope électronique, peut, si les prélèvements ont été réalisés avant tout bouleversement et toute détérioration des indices, fournir d'utiles renseignements, notamment sur un éventuel déplacement du corps. L'autopsie médico-légale de son côté doit élucider, y compris lorsque le défunt connaît un degré d'altération très prononcé, la cause matérielle de sa mort: toxicomanie, coup porté, empoisonnement, accident corporel, balle meurtrière, crise cardiaque, noyade, pendaison, etc.

Découverte d'un corps par le Dr Georges Brahy, l'entomologiste Marcel Leclercq et leur assistant Jules Gros.

Levée du corps

Mais aucune de ces méthodes ne peut – ou ne devrait – se passer de l'expertise entomologique : cette intervention, bientôt vieille d'un siècle, aujourd'hui requise dans de nombreux pays, permet en effet dans un très grand nombre de cas de dater la mort d'une personne, de préciser la saison, mais aussi et souvent le jour et parfois l'heure du décès. Elle permet d'affirmer que le corps a été ou non transporté d'un lieu à un autre, par exemple d'un coin de campagne dans une ville, ou d'un continent sur un autre. Elle permet enfin de démontrer que le corps a été enfoui, enveloppé ou exposé à l'air libre.

Les insectes dans leur majorité sont de remarquables, et en l'occurrence, de redoutables indicateurs écologiques. Certains d'entre eux pèsent si lourds dans un dossier qu'ils peuvent infléchir ou corriger une action judiciaire, dissiper un doute, lever une inculpation, ou encore confirmer une présomption...

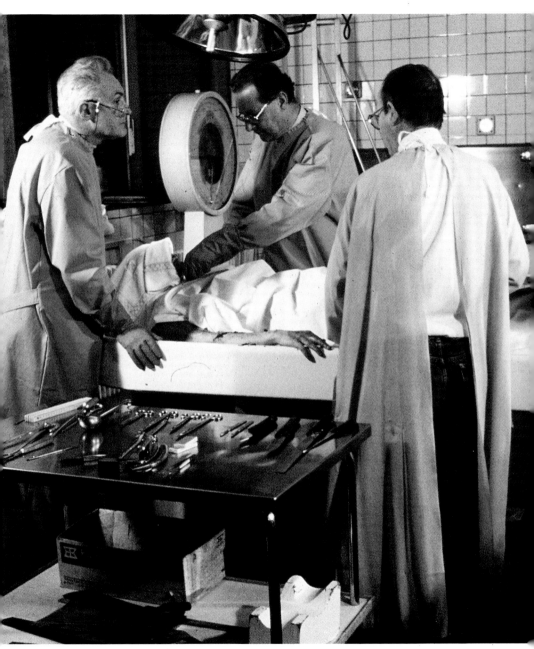

Autopsie du corps à l'Institut, par les Docteurs Georges Brahy, Pol Dodinval, et Jules Gros.

Marcel Leclercq prélève de la terre et des feuilles, en présence du Dr Georges Brahy.

L'EXPERTISE ENTOMOLOGIQUE

L'entomologie médico-légale naquit véritablement en 1894, lorsque l'entomologiste Pierre Mégnin publia « la faune des cadavres, une application de l'entomologie à la médecine légale ». Sa collaboration avec le professeur Brouardel, de la Faculté de Médecine de Paris, et le docteur Yovanonitch permit à Mégnin d'approcher la faune sarco-saprophage, ou consommatrice de cadavres humains.

Cette recherche déboucha sur l'identification d'insectes aux mœurs singulières à nos yeux, à leur regroupement en « escouades de travailleurs de la mort » : l'altération progressive du substrat nourricier de ces animaux a conduit l'auteur à souligner la relation, étroite, existant entre cet éco-système particulier que constitue un cadavre et ceux dont le salut en dépend.

Les escouades définies par Mégnin expriment le fait que les arthropodes attirés par un cadavre le sont sélectivement, et dans un ordre précis : si précis que la présence d'une population donnée d'insectes sur lui indique

Observation des prélèvements naturels en salle d'autopsie, par Marcel Leclercq et son collègue Charles Verstraeten.

le temps écoulé depuis le moment du décès. Chaque escouade élit pour elle-même un âge, un degré d'altération constant du corps : la première par exemple peut intervenir dans les minutes qui suivent la mort, tandis que la dernière peut apparaître quelques trois ans après celle-ci. Toutes les escouades renseignent exactement sur l'état de décomposition d'un cadavre : elles «signent» cet état en même temps que le corps, interactivement, favorise par ses émanations l'installation, échelonnée dans le temps, de ses réducteurs.

La température et l'humidité locales influencent considérablement la décomposition cadavérique et la faunule qui lui est inféodée. Une température élevée et une forte humidité accélèrent les processus autolytiques et fermentaires, et simultanément la croissance de ceux qui en vivent, au point que deux ou plusieurs escouades peuvent cohabiter, pour peu que des parties distinctes du corps se dégradent inégalement vite. A l'inverse, une température très basse, ou une humidité trop faible contrarient ou allongent, à la fois, la durée du cycle évolutif des Insectes et la transformation du substrat lui-même.

D'autres facteurs agissent sur le temps de réduction d'un corps à l'état de poussière, comme son volume global, la nature de son lieu de dépôt, la zone géographique, la saison, la luminosité. L'extrême variation des données écologiques explique que les escouades caractérisées par Mégnin

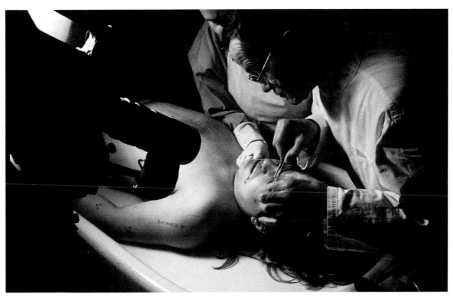

Marcel Leclercq recueille sur le corps des larves d'insectes.

doivent être dépouillées de leur rigueur : à distance de tout modèle standard, elles sont à prendre comme un guide que chaque cas révise par sa spécificité-même.

Depuis 1894 quelques chercheurs ont assuré aux données de Mégnin un développement constant(1). Et c'est en 1974 que Marcel Leclercq publie, à Bruxelles, les principes de «l'enquête entomologique dans les expertises médico-légales»(2). Selon cet auteur, l'expert doit respecter quatre étapes dans son étude avant de rédiger ses conclusions :

1. la récolte d'un échantillonnage aussi complet que possible de toute espèce vivante, à quelque stade d'évolution que ce soit, repérée sur et sous le cadavre : œufs et jeunes larves sur un cadavre frais, larves de toute sorte, nymphes et exuvies sur un corps altéré. Sans omettre d'inspecter les vêtements de l'intéressé, et la terre ou le sable sur lequel il peut reposer. Les Acariens(3) sont conservés en alcool à 70° ; les insectes répartis en deux populations : la première est conservée morte, tandis que la seconde est élevée sur de la chair du substrat nourricier réel, et dans des conditions de température, d'humidité et de luminosité identiques.

L'étiquetage dans tous les cas est établi de telle sorte que l'on sache sur quelle partie du corps a eu lieu chaque prélèvement, ou en quels endroits du milieu ;

Marcel Leclercq dans son laboratoire, au-dessus de sa loupe binoculaire.

2. l'estimation relative de l'abondance de chaque espèce à ses différents stades de développement ;

3. le relevé de la localité, du jour et de l'heure des prélèvements, sans oublier l'état d'altération du cadavre et toute particularité significative de son environnement : milieu citadin ou rural, clos ou à l'air libre, cadavre enfoui ou pas, en présence d'eau ou non, en haute ou basse altitude, à l'ombre ou au soleil, etc.

4. l'exécution, au laboratoire, d'un certain nombre d'opérations, telles que :

    a – la plongée d'une partie des larves vivantes d'insectes en eau bouillante – pour éviter qu'elles ne noircissent – avant de les conserver en alcool à 70° ;

    b – la mise en élevage, et dans des récepteurs appropriés, du reste des larves ;

    c – la préparation entomologique des insectes adultes pour les conserver épinglés et à sec ;

    d – l'identification du matériel récolté, seul ou en collaboration avec divers systématiciens ;

    e – le rassemblement des données météorologiques les plus précises possibles concernant l'endroit où le cadavre a été découvert, et aussi bien au moment de sa découverte que pour toute une période antérieure, susceptible de s'étaler par exemple sur plusieurs semaines ou plusieurs mois ;

    f – l'estimation, en confrontant le matériel déterminé et les conditions météorologiques, du temps nécessaire à l'incubation des œufs, au développement des stades larvaires et des nymphes rencontrés ;

    g – enfin la consultation de la documentation relative à la biologie et à l'écologie des espèces en question, et l'établissement daté de la succession des escouades sur le cadavre.

De quels insectes ces escouades sont-elles constituées ?

(1) C.F. Porta (1929), A. Bellussi (1933), J. Glaister et J.-C. Brash (1937), F.J. Holzer (1939), M. Hafez (1940), P. Nuorteva (1867 et 1974).
(2) Dans : Spectrum international Vol. 17, n° 6. Repris dans « Entomologie et médecine légale : datation de la mort » Editions Masson 1978.
(3) Animalcules voisins des Araignées – et donc distincts des Insectes.

De haut en bas et de gauche à droite, les genres **Calliphora, Musca, Muscina, Phormia, Protophormia.**

18

LA FAUNE DES CADAVRES :
LES PREMIERES MOUCHES

La mort entraîne un abaissement de la température du corps, laquelle s'équilibre avec le milieu ambiant dans les 24 heures – lorsque l'hiver ne le frigorifie pas. Des lividités sur le cou et les parties déclives apparaissent dans la première heure, tandis que la rigidité cadavérique se généralise au bout de sept heures environ – pour se résoudre, selon les circonstances, en deux, trois ou quatre jours.

C'est à ce moment-là, alors qu'aucune odeur ne semble en émaner, que le corps attire une première escouade de Mouches, des groupes de Calliphorines et des Muscides. Elles apparaissent sur le cadavre frais, dans les premières minutes ou les premières heures du décès – ou dès le réchauffement post-hivernal.

Les femelles, le plus souvent lourdes d'œufs, lèchent le sang ou d'autres sécrétions qui suintent de plaies ou d'orifices, puis pondent dessus, avant la mise en bière quelquefois.

Le genre **Calliphora** est représenté par deux espèces, dont l'une est synanthrope, volontiers citadine, et l'autre exclusivement agreste et sauvage (1). Ce sont de belles et grandes Mouches, de plus d'un centimètre, d'un bleu brillant, plus ou moins chatoyant. Elles ne sont actives que lorsqu'il fait jour, et ne pondent qu'à partir de 14o4 ou 13o3 selon l'espèce, quelques 100 à 250 œufs par paquets de 10 à 25, à l'abri du soleil. Déposés de préférence sur le sang – même réduit à des taches – et les orifices naturels, les œufs incubent, selon les conditions de lieu, de température et d'humidité, entre 2 et 29 heures.

Les larves, blanches, de forme allongée, conique et sans aspérité notable, naissent et s'enfoncent immédiatement dans le tissu sous-cutané. Elles le liquéfient grâce à des bactéries et des enzymes, et s'en nourrissent par succion, continuellement. Elles connaissent trois stades, séparés par des mues, et atteignent 16 à 19 mm de long avant de se nymphoser : la peau du troisième âge se rétracte alors en une sorte de petit tonnelet dur et brun, de près d'un centimètre, la pupe. Les larves matures rampent sur le corps et partent s'empuper dans les vêtements, sous le cadavre ou à une petit profondeur du sol. Croissance et pupaison varient dans le temps en fonction des conditions extérieures, mais aussi selon la cause de la mort et la qualité de la nourriture. Le Calliphore synanthrope met, un peu en-dessous de 20 oC, 19 ou 20 jours d'incubation et de croissance, 16 à 20 jours de pupaison, alors qu'en été ces chiffres sont respectivement de 10 à 13 jours et de 12 à 14 jours ; le Calliphore sauvage exige à 22 oC et 50 % d'humidité, 15 à 30 jours d'incubation et de croissance, et 11 à 18 jours de pupaison (2).

D'autres Calliphorines accompagnent les précédentes sur les cadavres frais. Elles appartiennent aux genres **Protophormia** et **Phormia**. Les unes et les autres arborent un très beau bleu métallique, parfois nuancé de vert. Les premières atteignent facilement le centimètre, alors que les secondes sont plus petites. Elles se rencontrent en France en milieu rural (3). Les Protophormies recherchent la lumière et une certaine fraîcheur ; elles pondent à partir de 12 oC et 70 % d'humidité. Leur cycle complet dure 21 à 28 jours en moyenne à la belle saison (4). Leurs larves se nourrissent toutes de matières mortes, à l'inverse des larves de Phormie du troisième stade, devenues prédatrices.

La famille des Muscides est ici représentée par les genres **Muscina** et **Musca.** Toutes sont grises, avec des chatoiements plus accentués chez **Muscina**, et du jaune clair chez les mâles de **Musca.** Les Mouches du premier genre, de taille plus grande et plus constante que les autres, recherchent les espaces ombragés. Elles sentent vite le cadavre frais, et se posent sur lui près des ouvertures naturelles. Elles pondent quand il fait jour et humide, à l'abri de la lumière, 150 à 200 œufs par groupes de 8 à 10. Ces derniers éclosent au bout de 2 à 13 jours selon la température. Les larves, blanchâtres, croissent et s'empupent comme les précédentes, après avoir atteint la taille de 12 à 18 mm. D'abord sarco-saprophages, ces larves s'en prennent à de plus faibles qu'elles au troisième stade, voire dès le second lorsque les matières liquéfiables viennent à manquer. Cette Muscine met à 16 °C quelques 26 jours pour devenir adulte, tous stades inclus (4).

Le genre **Musca** comprend deux espèces consommatrices, entre autres, de cadavres humains: l'une est domestique, bien connue de tous puisqu'il s'agit de celle qui fréquente les cuisines, et l'autre est exclusivement agreste et champêtre. La Mouche domestique pond entre 150 et 600 œufs, notamment sur les cadavres frais. Leur éclosion intervient 8 à 12 heures après la ponte à la belle saison, et l'espèce a besoin de 7 à 8 jours de croissance et autant de pupaison (5). Ses larves, normalement sarco-saprophages sur un cadavre, dévorent à l'occasion d'autres larves, plus petites qu'elles.

Le passage des Calliphores sur un corps récemment éteint est inévitable. Tout absence de trace de ce passage – pupes vides, adultes morts – doit engager les enquêteurs à formuler certaines hypothèses, comme le déplacement du corps, l'obscurité du lieu du décès, ou son inaccessibilité à d'aussi grosses mouches.

En revanche, une décomposition trop avancée du substrat cesse de les attirer: leurs larves détruisent les tissus les plus superficiels, creusent les premières cavités, celles à partir desquelles l'escouade suivante atteindra des organes plus profondément logés.

---

(1) Cette dernière observation est inexacte en milieu strictement méditerranéen: **Calliphora vomitoria** *s'y observe aussi en ville, comme l'auteur de ces lignes a pu le remarquer à proximité d'une poubelle dans la ville de Béziers, rue des Têtes.*
(2) Dans: « Entomologie et médecine légale: datation de la mort. Observation inédite » M. Leclercq, Revue médicale de Liège, Vol. 38 n° 19.
(3) **Protophormia** *se rencontre aussi en ville en milieu méditerrannéen: plusieurs individus de* **Protophormia terraenovae** *ont été observés par l'auteur de ces lignes sur et autour d'une poubelle dans la ville de Béziers, rue du Capus.*
(4) Dans: « Entomologie et médecine légale. Datation de la mort » M. Leclercq, Editions Masson 1978.
(5) Dans: « La biologie des Diptères » E. Séguy 1950.

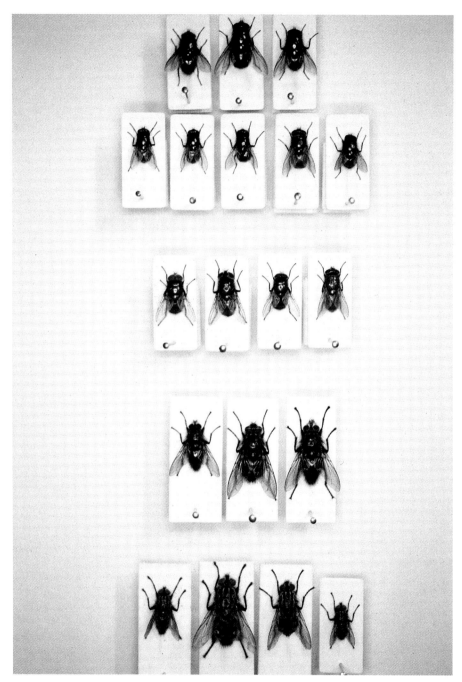

De haut en bas, les genres **Lucilia, Chrysomyia, Cynomyia, Sarcophaga.**

LA FAUNE DES CADAVRES : UNE SECONDE VAGUE DE MOUCHES

Les bactéries, y compris celles que le tube digestif lui-même héberge, envahissent comme les mycètes le cadavre : la putréfaction succède à l'autolyse et les premières odeurs de décomposition apparaissent. Une tache verte grandit sur l'abdomen, et la putréfaction colicative et gazeuse qui s'amorce attire une deuxième escouade de Mouches : de nouvelles Calliphorines et des Sarcophagines.

Les premières, réparties entre les genres **Lucilia, Chrysomyia** et **Cynomyia,** sont toutes remarquables par leur livrée métallique.

Les Lucilies, d'un joli vert plus ou moins pruineux ou mordoré, volent à proximité des dépôts d'ordures, des excréments et des cadavres de toute espèce : ceux de l'homme reçoivent la ponte de trois d'entre elles : les

Lucilies de Richards, soyeuses et impériales. Leur vol est assez rapide, et, comme celui des Calliphores et des Chrysomies, bourdonne d'une manière caractéristique. Elles se posent volontiers sur les fleurs en ombelles, pour peu qu'il y ait assez d'humidité et du soleil : toutes aiment la lumière, et la Lucilie soyeuse ne pont même que sur des substances réchauffées par les rayons solaires.

Les Mouches de cette espèce pondent à partir de 13 °C, plusieurs centaines d'œufs en une dizaine de fois peut-être, dans les plis du corps. Leur incubation exige 10 à 52 heures durant l'été en Angleterre, et la croissance des larves 5 à 11 jours(1). Ces dernières, blanc grisâtre, mesurent 12 à 16 mm de long lorsqu'elles atteignent la maturité. Elles cessent toute activité dès que le milieu ambiant tombe en-dessous de 7 °C ou devient trop sec, puis elles se réveillent au bout de quelques semaines, les bonnes conditions revenues.

Elles s'enterrent et se métamorphosent : les pupes mettent 4 à 7 jours avant de libérer les adultes, à la température de 32 °C, 6 ou 7 jours à 27 °C, et 18 ou 24 jours à 12 ou 13°C(1).

Les Chrysomies ressemblent aux précédentes par leur parure vert brillant, mais elles s'en distinguent par le liseré noir du bord postérieur des segments de l'abdomen. Leur face, contrairement à celle des Cynomies, jaune doré, est d'un blanc souvent étonnamment étincelant. Ces mouches, plus abondantes dans les régions méridionales, se rencontrent de temps en temps sur les ombelles fleuries, plus fréquemment sur les excréments frais et les cadavres de vertébrés. Leur vol est rapide, bruyant. Les femelles courent sur le cadavre dont elles aspirent les liquides avidement, parfois jusqu'à l'obésité.

Les larves sont prédatrices de larves vivant dans le même milieu qu'elles, et occasionnellement consommatrices de matières décomposées. Elles se caractérisent par la présence sur leur corps blanc de multiples formations coniques.

Les Cynomies figurent parmi les plus belles de nos Mouches, et l'éclat vert de l'abdomen, délicatement réhaussé de bleu, de pourpre ou de violet, n'a d'équivalent chez aucune autre. Si les Lucilies et les Chrysomies oscillent entre 5 et 12 mm de long, selon les individus, les plus petites Cynomies font au moins 8 mm et les plus grandes le double. Elles fréquentent la plupart des Ombellifères dans les campagnes les plus fleuries : elles contribuent activement à leur pollinisation, notamment dans les contrées fraîches et humides.

Les pondeuses recherchent de préférence les cadavres de grands vertébrés, mais la raréfaction de ces derniers entraîne une diminution de plus en plus sensible des populations de ces mouches.

Les Sarcophagines tournent autour du cadavre et s'y posent lorsque celui-ci est très altéré : leurs larves, friandes de viandes pourries, évoluent dans ce cas dans le milieu le plus favorable à leur développement.

Le genre **Sarcophaga** qui nous intéresse ici regroupe des mouches grises, de moyenne ou grande taille, et dont l'abdomen est décoré de taches chatoyantes et contrastées. Le thorax porte des bandes longitudinales noires généralement nettes. Les mâles se singularisent souvent par leur plus grande robustesse.

Les Sarcophages visitent les fleurs d'Ombellifères, les feuilles chargées de miellat de pucerons, mais c'est sur le tas d'ordures, les excréments, et à proximité des matières avariées qu'ils s'observent facilement.

Les femelles expulsent sur les liquides putrides 180 à 200 œufs ou petites larves, par paquets de 10 à 20. Ces dernières pénètrent immédiatement les cavités et s'enfoncent dans les tissus pour s'en repaître avec force. Leur corps, blanc grisâtre, en forme de cône allongé comme chez toutes les précédentes, peut atteindre 21 mm à maturité. Elles se développent en 8 ou 9 jours, et se métamorphosent en 8 jours à la température de 25 ºC (2).

Elles voyagent peu et s'empupent sur place : dans les plis des vêtements, ou dans des anfractuosités sèches du cadavre.

Si quelques mouches de cette deuxième escouade sont agrestes, comme les Cynomies et les Chrysomies, la plupart sont ibiquistes, occasionnellement citadines. Elles n'hésitent pas à entrer dans une maison pour pondre sur un cadavre en putréfaction. Leurs larves pénètrent le corps, grouillent entre les viscères dont elles transforment les tissus cellulaires en bouillie.

(1) Dans : « Myiasis in man and animals in the Old World » F. Zumpt 1965.
(2) M. Hafez 1940, cité dans : « Entomologie et médecine légale : Sarcophaga argyrostoma Rob-Desv. et Phaenicia sericata Meig. », M. Leclercq, Bulletin de la Société royale belge d'Entomologie.
Nº 112 1976.

Les genres **Dermestes**

LA FAUNE DES CADAVRES : LES PREMIERS DERMESTES

Les insectes constitutifs de cette troisième escouade colonisent le corps plus tard que tous les précédents : ils le localisent grâce aux acides gras volatils qu'il dégage, comme l'acide butyrique.

Deux groupes représentant la faunule sarco-saprophage, évolutivement éloignés l'un de l'autre, sont ici concernés : des Coléoptères du genre **Dermestes**, et un petit Lépidoptère.

Les graisses vieillissant à l'air libre et qui contractent cette odeur forte qu'on leur connaît, attirent avec les tissus mortifiés voisins quatre espèces de Dermestes, dont deux se rencontrent à l'extérieur comme à l'intérieur des maisons : le Dermeste du lard et le Dermeste noir.

Tous volent bien, et perçoivent leur nourriture de très loin. Ils se caractérisent physiquement par une forme générale en ovale allongé, de 5 à 10 mm de long suivant les espèces, une teinte dominante sombre et de

Aglossa

courtes antennes coudées, terminées chacune par une petite massue, nette à l'œil nu.

Ces insectes vivent des dépouilles et des déchets des autres, de débris de matières animales mortes, grasses et décomposées, notamment dans les cuisines, les garde-manger, les équarrissoirs et les abattoirs.

Les adultes émergent au début du printemps. Ils quittent leur loge nymphale, s'accouplent et volent en quête de cadavres ou de déchets animaux. Les femelles pondent, durant plusieurs semaines, quelques 150 à 200 œufs, par groupes de 2 à 10, dans les fissures des matières nutritives. Ces œufs éclosent, selon la température, 3 à 12 jours plus tard. Les larves présentent un corps allongé et progressivement acuminé à l'arrière, brun rougeâtre, hérissé de poils courts et longs, et six pattes ambulatoires. Elles connaissent 7 ou 8 stades différents, parfois moins si le climat est favorable, et croissent en 3 à 8 semaines selon la température du substrat. Elles mesurent à terme une douzaine de millimètres (1). Elles ne prennent plus de nourriture dès l'avant-dernier stade de développement ; elles errent à ce moment, dans le cadavre ou à proximité, s'immobilisent une quinzaine de jours en l'absence de chaleur, et se nymphosent 8 à 10 jours.

Le développement complet s'effectue en 4 à 6 semaines, si le milieu leur offre assez d'humidité et une nourriture suffisante et de bonne qualité, ce qui est généralement le cas du cadavre humain trouvé. La larve s'installe en lieu clos et sûr pour se métamorphoser. Elle s'aménage une logette dans toute sorte de matériaux, y compris le liège, le plâtre et le bois dans les maisons.

La nymphe est nue dans sa logette. Elle se présente sous la forme d'un insecte d'un blanc d'ivoire, fonçant avec l'âge, et ayant la tête, les élytres et les pattes plaqués sur le ventre. Ces espèces montrent une seule génération annuelle, deux dans des conditions favorables et constantes à 18 ou 20 °C de température et 70 % d'humidité (1).

Le Dermeste du lard et le Dermeste noir se distinguent facilement l'un de l'autre : le premier se reconnaît spontanément à la moitié antérieure jaune de ses élytres, alors que le second est entièrement noir, et plus ou moins nettement couvert de mouchetures de poils blonds chez les individus frais.

Le Dermeste de Frisch et le Dermeste onduleux se développent dans la nature sur les cadavres de vertébrés, qu'ils recherchent pour les mêmes raisons que les précédents. Ils atterrissent généralement en nombre près du corps, le rejoignent et disparaissent très vite dedans, en empruntant les cavités agrandies et nettoyées par les larves de mouches.

Le Dermeste de Frisch se reconnaît à la pubescence blanche qui orne son thorax, à l'avant et sur les côtés, alors que le Dermeste onduleux est moucheté de petites fascies claires sur les élytres, et revêtu de poils roux sur le thorax.

Ces Coléoptères évoluent sur les graisses en fermentation en même temps que les chenilles d'un petit papillon du genre **Aglossa**, l'Aglosse de la graisse.

Les adultes de cette espèce, d'une envergure de 3 à 4 cm, présentent une teinte dorée, largement tachée de sombre et plus ou moins chatoyante.

Ils vivent le plus souvent dans les caves, les celliers, et les rez-de-chaussée inhabités et servant d'entrepôts alimentaires. Ils y volettent en début de nuit, de la mi-juin jusqu'en septembre. Les femelles pondent en plusieurs fois dans les matières amoncelées dans les coins, les denrées d'origine animale oubliées. L'odeur rance des graisses avariées les attirent puissamment.

Les chenilles ont un corps gris, presque lisse, luisant, et une tête brun rouge. Elles disparaissent dans le corps gras, s'en nourrissent un bon mois, puis s'en évadent et se chrysalident pour une durée de vingt jours, dans un cocon additionné de débris divers. La température provoque leur éclosion si elle est clémente, ou la retarde jusqu'au printemps suivant.

(1) Dans : «Les Coléoptères des denrées alimentaires et des produits industriels entreposés» P. Lepesme 1944.

De gauche à droite, et de haut en bas, les genres **Piophila, Fannia, Hydrotaea, Anthomyia, Sepsis, Cypsela, Coelopa, Drosophila, Scatopse, Chrysomyza, Madiza, Hermetia, Eristalis, Lonchaea.**

LA FAUNE DES CADAVRES :
LA QUATRIEME ESCOUADE

Le cadavre est parvenu à un degré désormais profond de décomposition. La putréfaction des matières protéiques engendre une odeur particulière, exerçant la même attraction sur certaines mouches que les fromages les plus avariés : la fermentation caséique succède à la fermentation butyrique, le corps exhalant de repoussantes effluves.

Les groupes précédents de mouches s'effacent au profit d'espèces d'Anthomyides et de Diptères plus petits encore, notamment du genre **Piophila**.

Les Piophiles ressemblent à de petites mouches de quelques 2 à 5 mm de long, d'un noir profond et assez brillant, aux pattes souvent plus claires.

Le lait, les fromages très faits, et même les salaisons et les poissons fumés les attirent vivement, jusque dans les cuisines dont les poubelles peuvent contenir des déchets en quantité suffisante pour les y retenir. Les mâles y recherchent les femelles, et celles-ci un milieu satisfaisant pour leur descendance. Les excréments, les fumiers et les cadavres en fermentation

De haut en bas, les genres **Corynetes, Necrobia.**

les nourrissent dans la nature, et leur assurent un parfait développement.

Les larves sont allongées, blanches et lisses, sans tête apparente ; elles atteignent 8 à 12 mm de long à maturité. Elles présentent à chacune de leurs extrémités un angle ou un crochet, au moyen desquels elles sautent en l'air : le corps préalablement formé en cercle, s'allonge brusquement, par séparation des crochets terminaux. Cette étonnante faculté permet de les reconnaître aisément sur un cadavre. Mégnin cite le cas « d'un individu mort d'apoplexie ou d'anévrisme dans son fauteuil, et trouvé dans cette situation, dans sa chambre, au bout de 10 mois : les larves de **Piophila** s'en échappaient par myriades, reconnaissables aux sauts caractéristiques qu'elles exécutaient ». Les Piophiles ont colonisé dans ce cas le cadavre à l'exclusion de tout autre sarco-saprophage, trop volumineux sans doute pour s'insinuer sous les portes et parvenir jusqu'au corps. L'incubation, la croissance et la pupaison demandent 25 à 30 jours normalement (1).

La famille des Anthomyides regroupe des mouches généralement plus faibles et plus ternes que celles des premières escouades. **Anthomyia** et **Hydrotaea** peuvent s'observer sur un cadavre humain, mais c'est surtout le genre **Fannia** qu'on y capture le plus souvent.

Les Fannies sont des Diptères n'excédant pas 7 mm de long, gris ou noirs – quelquefois égayés d'un peu de jaune. Leur aspect général n'offre rien de remarquable, à l'inverse de leur comportement : les mâles de quelques espèces entrent dans les maisons, et volent horizontalement, sous les plafonds et les lampes. Ils pratiquent le crochet brusque, et la «mouche-tamponneuse» sur leurs congénères de même sexe. Les femelles se tiennent contre les murs et les troncs, à l'abri du vent et du soleil, quand ce n'est pas dans les toilettes, près des fosses d'aisance, des purins, des écoulements de fumier ou de liquides putrides. Elles se glissent dans les maisons, attirées par l'odeur des excréments humains, des denrées pourrissantes, ou encore par celle d'un cadavre décomposé.

Les larves sont aplaties, gris clair, et possèdent latéralement, sur chaque segment, de curieuses excroissances : elles leur servent à flotter et à progresser dans le milieu où elles baignent, et qu'elles contribuent à liquéfier.

Les œufs sont alignés sur les matières nutritives, et leur incubation demande 36 heures (1). La croissance des larves se prolonge en été pendant 19 à 25 jours selon les conditions extérieures (1).

Parvenues à maturité elles s'écartent des liquides et s'immobilisent, collant un peu au support choisi, par exemple à un vêtement. La tête se rétracte, la peau se durcit : la pupe des Fannies conserve la segmentation larvaire et ses productions latérales. La nymphose persiste 8 à 10 jours – ou rentre en sommeil dès les premiers froids et jusqu'au printemps suivant.

Les liquides qui sortent du cadavre et s'écoulent peuvent satisfaire d'autres Diptères (2), par ailleurs très souvent consommateurs d'excréments frais.

Les petits Coléoptères aux jolies couleurs métalliques des genres **Corynetes** et **Necrobia** montrent les mêmes habitudes que les Fannies et les Piophiles, et comme elles, absorbent les liquides acides. Ils se rencontrent aussi bien dans les entrepôts de conserves alimentaires, de jambons et produits fumés, que sur les dépouilles, à l'air libre, de nombreux animaux.

Les larves semblent préférer une nourriture moins humide que les adultes. Elles progressent volontiers dans des galeries creusées dans leur aliment. Elles mesurent 4 à 10 mm à maturité. Leur corps est allongé, armé de parties chitineuses, sombres, et de longs poils. Les œufs sont confiés à des anfractuosités du support nourricier. Le développement complet – de la ponte à l'éclosion des adultes – pourrait s'étendre sur 2 à 3 mois selon Lepesme, la croissance larvaire pouvant durer, compte tenu des conditions de température et de nourriture, 25 à 35 jours.

(1) Dans : E. Séguy, ouvrage cité.
(2) Dans : «A manual of Forensic Entomology», K. G. V. Smith, The Trustees of the British Museum 1986.

De haut en bas, le genre **Ophyra**, la famille des Phorides.

LA FAUNE DES CADAVRES : LES DERNIÈRES MOUCHES

Les insectes de cette cinquième escouade sont attirés par les émanations ammoniacales du cadavre : les chairs préservées jusqu'ici se détachent et disparaissent en liquides putrides noirâtres. Deux catégories d'insectes aspirent ces humidités : des Diptères, les derniers de leur groupe à visiter un cadavre humain, et des Coléoptères de la famille des Silphides.

Les principaux insectes sarco-saprophiles apparaissent à ce stade de décomposition : ils fréquentent les cadavres pour se nourrir des sarco-saprophages qu'ils y croisent. Leur importance ne résulte donc pas de leur action directe sur la dépouille, mais des chasses qu'ils y font.

Les plus grands de ces Diptères sont des **Ophyra**, mouches de dimension moyenne – entre 4 et 8 mm de long – d'un noir brillant, à reflets parfois légèrement bleutés. Les mâles possèdent des tibias postérieurs courbés, ornés d'une touffe de poils. leurs pattes sont assez longues, et ces mouches se déplacent prestement. Dès leur arrivée sur le cadavre elles y pénètrent avec facilité. Elles replient leurs ailes en ciseaux sur le corps et empruntent les moindres interstices, n'hésitant pas à se frayer une voie dans la matière putride.

De gauche à droite, les genres **Necrophorus, Necrodes, Thanatophilus, Œceoptoma, Silpha, Hister, Saprinus, Coprophilus, Omalium.**

Les larves, allongées et même effilées, ressemblent à celles des Muscides. Elles sont sarco-saprophiles et dévorent les autres larves gorgées d'acidité. Les pupes sont allongées et segmentées comme elles.

Les Ophyres précèdent de peu un certain nombre d'espèces de Phorides. Ce sont de toutes petites mouches n'excédant pas 3 mm en moyenne, aux couleurs généralement sombres et mates.

Ces mouchettes s'installent fréquemment dans les nids, terriers et autres retraites d'insectes sociaux et de vertébrés. Elles vivent des déchets organiques, excrémentiels et alimentaires de leurs hôtes, ainsi que de leurs cadavres. La plupart marchent à vive allure, filent, jusque dans les plus petites cavités.

Quelques-unes exploitent indifféremment la nourriture humide ou sèche ; d'autres font preuve de moins d'ubiquité. Une espèce du genre **Triphleba** évolue en une seule génération annuelle, entre octobre et la mi-mars sur les cadavres non frigorifiés. Son développement prend 21 à 27 jours dans les meilleures conditions, mais les larves matures «dorment» souvent plusieurs semaines avant de s'empuper(1). Elles mesurent selon les espèces 3 à 6 mm de long. Les pupes sont le plus souvent segmentées, et pourvues de petites cornes thoraciques.

Un certain nombre de Coléoptères sarco-saprophages atterrissent sur les cadavres fortement décomposés pour s'y reproduire. Ils appartiennent aux genres **Necrophorus, Necrodes, Thanatophilus, Œceoptoma,** tous grands exploiteurs de cadavres, ainsi qu'au genre **Silpha** qui a donné son nom à la famille.

Les Nécrophores détectent l'odeur d'un mort au moyen de la petite massue terminale de leurs antennes. Ils volent dans sa direction, le localisent et disparaissent vite dessous. Des couples se créent, puis chaque femelle pond une quinzaine d'œufs, selon la nature du sol à même le corps ou dans une galerie forée. Elle tire un peu de chair qu'elle malaxe, ou se contente de canaliser les liquides abondants. Les petites larves naissent au bout de quelques jours à température convenable. La mère, qui les a attendues, régurgite dans leur bouche, au début et après chaque mue, les chairs fluidifiées ou les liquides aspirés. Au terme d'une croissance de 15 à 20 jours, chaque larve ressemble à un petit boudin blanc, nu, orné sur chaque segment d'une plaque brune, et pourvu d'une petite tête et de six courtes pattes. Elle creuse à maturité une loge, si possible dans le sol, pour s'y nymphoser 3 ou 4 semaines durant, ou jusqu'au printemps suivant si le froid la surprend (2).

Les autres Silphides sont attirés par les mêmes cadavres que les Nécrophores. Les Nécrodes sont les plus gros d'entre eux, les Thanatophiles les plus petits. Les uns et les autres hantent généralement en nombre les cavités du corps putrifié. Ils y pondent, et leurs larves éclosent rapidement, vivent et se nourrissent comme eux d'acidité et de chairs molles. Les Silphes proprement dits trottinent en plein jour dans les campagnes, en quête de nourriture morte. Leurs larves, plates et noirâtres se meurent avec souplesse, bien qu'elles ressemblent à des cloportes, tant par la forme générale que par l'allure en plaques des segments dorsaux.

Quelques autres Coléoptères se rencontrent sur les corps humains en même temps que les Silphides. Les uns appartiennent à la famille des Staphylinides, come les genres **Coprophilus** et **Omalium,** les autres, **Hister** et **Saprinus,** à celle des Histérides. Tous sont attirés par les cadavres mais ne s'en nourrissent que très occasionnellement : larves et adultes, en quête d'autres insectes, sont des sarco-saprophiles auxquels les corps décomposés servent de pièges et de refuges.

La petite espèce du genre **Omalium,** capturée à plusieurs reprises sur des cadavres humains en hiver, est un indicateur privilégié : la rareté des insectes à cette saison lui confère une importance particulière (3).

(1) Dans : « Entomologie et Médecine légale. Datation de la mort » M. Leclercq, Editions Masson 1978.
(2) Dans : « Les grands Nécrophages du globe » G. Portevin 1926.
(3) Voir le dernier chapitre de ce livre, « un cas d'application de l'entomologie légale ».

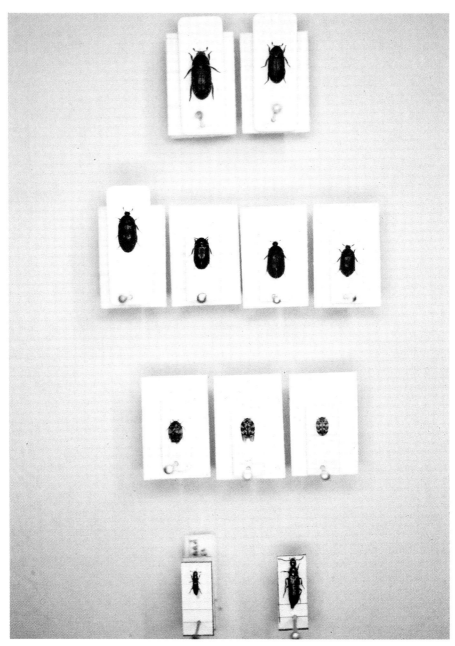

De haut en bas et de gauche à droite, les genres **Dermestes, Attagenus, Anthrenus, Rhizophagus, Philonthus.**

LA FAUNE DES CADAVRES : L'ÉPONGE ET LA RUGINE

Mégnin a défini une sixième escouade uniquement composée d'Acariens.

Ces animaux n'appartiennent pas à la classe des insectes comme les autres mais à celle des Arachnides.

Ce sont des huit-pieds dans l'ensemble mal connus, et les espèces sarco-saprophages n'échappent pas à ce constat.

Une dizaine d'espèces, toutes microscopiques, a été recueillie sur des cadavres humains liquéfiés, semi-secs ou desséchés. Elles s'y succèdent vraisemblablement en plusieurs escouades, et c'est par millions d'individus que ces Arthropodes closent la série des fermentations, qu'ils épongent les dernières humeurs.

Une septième escouade se met en place avant leur totale disparition. Elle comprend des Coléoptères de la famille des Dermestides et de petits Lépidoptères.

La momification du corps se réalise, progressivement, et les amateurs de peaux, de desquamations, de fourrures, de lainages, tissus, tapis et autres collections d'histoire naturelle en sont les meilleurs agents.

Quelques Dermestes rongent les pièces les plus sèches des cadavres. Le Dermeste maculé, le plus connu d'entre eux, est un insecte de 10 mm au plus, de teinte variant du noir au rougeâtre. Son corps est couvert d'une toison blanche dessous et d'une pubescence jaunâtre, plus ou moins serrée dessus. Ses larves, d'allure semblable à celle des autres Dermestes, creusent les matières desséchées dont elles ruginent les parties les plus

De haut en bas et de gauche à droite, les genres **Aglossa, Monopis, Tineola, Tinea.**

dures. Son cycle, à conditions égales, est comparable à celui des autres membres de son genre.

Des espèces affines, des genres **Attagenus** et **Anthrenus**, évoluent sur les mêmes substrats que lui. Il s'agit de Coléoptères de forme plus courte et ramassée.

Les Attagènes ressemblent à de petits Dermestes, de quelques 3 à 6 mm de long. Leurs antennes se terminent par une longue massue et leur front porte un ocelle en son milieu. Les adultes se montrent en mai ou juin, s'accouplent, et produisent 100 à 150 œufs par femelle. Ces derniers sont déposés dans les fentes, les microcavités et les replis de peau. Ils éclosent au bout de 5 à 12 jours selon la température.

Les larves grandissent avec les autres formes dermatophages qu'elles concurrencent. Elles se remarquent au bouquet de longs poils qu'elles portent à l'extrémité de leur corps. Elles cheminent sous ce qui reste du cadavre, dans la tête décharnée, sur le cuir chevelu qu'elles trouent. Leur croissance dure 290 jours en moyenne à 25 °C de température, et leur nymphose, l'été suivant, une huitaine de jours(1).

Les Anthrènes, très petits, arrondis, se reconnaissent à leur revêtement écailleux et coloré. Les larves, de ton jaune roux, se repèrent vite grâce à d'épais faisceaux de poils terminaux, convergeant vers l'arrière. Les femelles pondent, entre mai et juillet, 30 à 50 œufs, lesquels éclosent au bout de 8 à 15 jours(1). Les larves croissent, lentement, passent l'hiver, et se métamorphosent dans la dernière exuvie larvaire au printemps suivant, voire la seconde année si les conditions demeurent longtemps défavorables. Elles rognent, en compagnie de toutes les autres, les tissus secs à leur portée, y compris la corne.

Tous les Dermestides muent sur place, 5 à 20 fois et même plus, et les exuvies qui en résultent se retrouvent facilement.

Des Lépidoptères pondent sur les cadavres en voie de dessiccation. Ils se répartissent en deux familles, celle des Teignes pour les genres **Tinea, Tineola** et **Monopis**, et celle des Pyrales pour le genre **Aglossa.**

Ces Teignes sont de très petits papillons, aux ailes ciliées et plus ou moins argentées. Les mâles volettent le soir, dans les maisons, tandis que les femelles restent dissimulées dans les coins sombres, et volent peu. Celles-ci pondent une centaine d'œufs sur la dépouille. Les chenilles ont une tête brune et un corps presque glabre et jaunâtre. Elles se nourrissent des membranes et des ligaments les plus secs. Elles apparaissent rarement nues, normalement abritées dans un tube de soie mêlée de déjections et de poussières du cadavre. Elles cheminent lentement, au moyen de ces tubes fixes ou portatifs, sur les matières qu'elles dévorent et percent. Elles y restent quelques 2 à 3 semaines... ou plus d'un an si les conditions extérieures l'exigent. La nymphose a lieu dans un fourreau de soie, et réclame moins d'un mois, ou beaucoup plus.

L'Aglosse cuivrée est une Pyrale de 14 à 20 mm d'envergure, claire et dorée, confusément tachée de sombre. Elle vole l'été et la nuit dans les granges, les celliers et les remises. Les œufs éclosent 10 jours à 3 semaines après la ponte. Les chenilles ont une tête brun rouge, et un corps gris noirâtre. Elles tissent des galeries de soie dans le substrat ou contre lui ; elles y progressent lentement, un ou deux ans, puis se chrysalident pour une durée d'un mois à peu près dans des cocons couverts de débris et de poussière (2).

Deux petits Coléoptères, l'un sarco-saprophage, du genre **Rhizophagus**, l'autre sarco-saprophile, du genre **Philonthus**, ont été découverts sur des cadavres inhumés de seconde année. Le Rhizophage à cou droit, de 3 mm de long, vit dans les cimetières. Il pond en surface, et les larves à la naissance traversent la couche de terre, s'introduisent dans les bières fissurées et s'y nourrissent des graisses rancies, accumulées dans les coins. Les adultes remontent à l'air libre pour vivre et se reproduire (3). Le Philonthe chasse ses larves, et aussi celles de Phorides.

(1) Dans : P. Lepesme, ouvrage cité.
(2) Dans : K.G.V. Smith, ouvrage cité.
(3) Dans : « La faune des cadavres. Application de l'entomologie à la médecine légale »
P. Mégnin 1894.

LA FAUNE DES CADAVRES :
LE BALAI

Il ne reste plus du cadavre que les os : cette phase dans laquelle il est, depuis quelques mois ou quelques années selon le lieu et le climat local, représente l'ultime étape de son évolution. La huitième et dernière escouade qui le parcourt consomme ses derniers tissus qu'elle réduit en poudre, et plus encore tous les débris laissés sur place par les escouades précédentes.

Les genres **Tenebrio** et **Ptinus** balaient la place.

Les Ténébrions sont des insectes de bonne taille, puisque les deux espèces concernées mesurent entre 10 et 23 mm selon les individus. Il s'agit de Coléoptères allongés, peu convexes, à bords presque parallèles, de sombre parure : brun rougeâtre assez brillant, ou noir mat.

Ils fréquentent en pleine nature les caries des arbres, les empilements de vieilles écorces, la sciure tassée par les intempéries. Ils y évoluent et n'en sortent que le soir pour voler, entre les mois de mars et octobre selon les régions. Ils errent également dans les entrepôts de farine et de produits amylacés, dans la litière des animaux domestiques ou parqués, et même dans les maisons, les celliers et les remises, sur les denrées qui périssent, les matières organiques qui se dessèchent.

Les femelles pondent durant presque toute leur vie, quelques 250 à 450 œufs qu'elles déposent au sein de l'élément nourricier.

L'incubation persiste 5 à 15 jours selon la température. Les petites larves sont blanches. Elles forent des galeries dans l'aliment, ou se cachent le long des os de la dépouille qu'elles nettoient. Elles mangent les tissus en poussière, les exuvies et les coques nymphales des insectes de toutes les autres escouades, ainsi que les corps des adultes morts sur place. Elles jaunissent ou brunissent, et finissent par atteindre 3 à 3,5 cm de long. Leur corps est étroit, cylindrique, doté de petites pattes et d'une peau coriace.

Les larves du Ténébrion de la farine se développent en 160 à 180 jours à 28°C, ou en 300 à 351 jours à 18-20°C, celles du Ténébrion obscur en moins de 90 jours à 28°C, et en 200 jours à 28-20°C (1).

Elles se nymphosent sur place, dans leur galerie, ou sous un os ou un repli de vêtement, dès février ou mars de la seconde ou troisième année après avoir hiverné à l'état larvaire. La nymphe est nue, jaunâtre, fait 8 à 20 mm de long, et requiert 8 jours à 27°C, ou 18 jours à 18°C pour achever sa métamorphose (1).

Les Ténébrions sont accompagnés quelquefois de Coléoptères beaucoup plus petits qu'eux, les Ptines, en particulier lorsqu'il s'agit de restes de fœtus ou d'enfants.

Les Ptines font entre 2 et 3,5 mm de long. Ils se caractérisent par leurs longues antennes, et la forme du corps, globuleuse chez les femelles, généralement presque parallèle chez les mâles. Leur teinte varie du gris jaunâtre au brun roux.

Ces petits insectes habitent de préférence les nids, les terriers, et aussi les coins les plus sombres des rez-de-chaussée des maisons, les appentis où repose le bois de chauffage, les dépendances où s'amoncellent des débris organiques : produits céréaliers, plantes séchées, crottes et cadavres déshydratés. Ils déambulent le soir et la nuit sur les murs, les plinthes, les fagots. Les larves ressemblent à celles des plus petits Scarabées. Elles ont

De haut en bas, les genres **Tenebrio, Ptinus.**

la tête brune, le corps blanc et hérissé de poils. Elles se déplacent facilement dans le matériau qui les héberge, et s'y confectionnent des logettes ; elles s'agrippent à ce qu'elles trouvent sous un cadavre desséché, où elles éliminent surtout les débris d'insectes. Elles se nymphosent en fin d'été et pour 15 jours, dans un cocon constitué de leur propre soie et de grains de poussière (1).

Un cadavre, dans son environnement, sous ses réducteurs, leurs prédateurs et leurs parasites, est un éco-système à part entière. Ses constituants vivants, comme ceux de tous les autres milieux, sont dégradés, recyclés et libérés dans la biosphère. Les escouades décrites pour la première fois par Mégnin, et dont le nombre comme celui des espèces qui les composent sont relatifs, nettoient la terre, la débarrassent de matières qui, sans elles, « seraient une cause permanente d'infection » (Dr Seriziat, cité par Mégnin). Elles agissent en « éboueurs gratuits » (M. Leclercq), et se révèlent par conséquent de précieux auxiliaires des Services d'hygiène publique. Précieux et efficaces, puisque selon Linné « trois mouches dévorent le cadavre d'un cheval aussi vite qu'un lion » !

L'expertise entomologique utilise ces éboueurs comme indicateurs. Elle remonte dans le temps, dénombre et suit la durée des étapes par lesquelles passent les insectes observés sur les cadavres, puis fixe le moment de la mort et au moins lui. Il suffit de lire ce que ces animaux inscrivent sur le calendrier, et de l'interpréter pour le rendre opératoire (2). Cette seconde qualité fait d'eux des auxiliaires souvent irremplaçables « pour fournir aux tribunaux, dans les questions criminelles, les éléments du jugement pour l'application de la loi » (Mégnin).

(1) Dans : P. Lepesme, ouvrage cité.
(2) Un film sur « Une affaire mouche » est disponible en cassette vidéo à : Ardèche-Images Production 07170 Lussas.

Standard (ou double pour l'Europe

donne raison aux parents

LA MEUSE Matin

LA DERNIERE HEURE LES SPORTS

GAGNEZ UNE A.X. ET FAITES UNE B.A.

NYSSEN ET DEFOSSE DEVANT LA COUR D'ASSISES DE LIÈGE : UN TANDEM DISLOQUÉ

Le huis clos de l'horreur

Près de quatre ans après la tragique disparition de la jeune fille de Waimes, le procès de ses assassins présumés s'ouvre lundi devant les assises de Liège

Le martyre de Nadine Renardy (17)

Pierre Defosse (35) et Jean Nyssen (43) sont accusés de l'avoir violée, séquestrée, menacée de mort, torturée et assassinée

L'enquête menée sans répit ne put aboutir que grâce au courageux témoignage, survenu après un an d'hé-

sitation, d'une jeune auto-stoppeuse qui fut la proie de ces hommes quelques jours avant Nadine. Mena-

cée de représailles, la jeune fille avait gardé le silence. Son fiancé arriva à la convaincre de tout dire

Mardi 11 avril 1989

La

De la Baltique au Caucase, la mosaïque explosive de Gorbatchev

Le passé judiciaire accablant de Pierre Defosse et de Jean Nyssen

Accusés de viols, séquestrations et de l'assassinat de Nadine Renardy (17), ils comparaissent à partir d'aujourd'hui devant les assises de Liège

Alors que l'on n'avait pas encore retrouvé le corps de Nadine (photo), Pierre Defosse embarqué une auto-stoppeuse à la

sortie de Liège. « [...] pas faire du stop, c'est trop tard... » lui dit-il, ma[...]

LA MEUSE

...assassins de Nadine Renardy ...t la Cour d'Assises de Liège

Jean Nyssen nie les faits Pierre Defossé minimise sa participation

Les deux Stavelotains accusés devant les assises de Liège de l'assassinat de Nadine Renardy

Defosse joue a détente

...uriant, à l'aise, habillé sporti-...ment, il se lance dans des ...its extravagants qui déclen-...ent les rires moqueurs du pu-... et l'ironie du président

En quelque sorte, c'est ...us qui étiez enlevé...

A Bernissart (Hainaut), deux jeunes Wallons veulent créer un vaste parc d'attractions de 150 hectares : « Dingoland »

Les recettes...

Le martyre de Nadine Renardy

Quatre ans après, les présumés assassins de la jeune fille de Waimes vont être jugés ★ Le procès de Pierre Defosse et Jean Nyssen s'ouvre lundi devant les assises de Liège

AVIS DE RECHERCHE

NADINE RENARDY 17 ans

Disparue depuis le 18 août 1985 à MALMEDY

Passibles de la peine de mort

UN CAS D'APPLICATION
DE L'ENTOMOLOGIE LÉGALE

L'entomologie légale, dont Mégnin authentifie la naissance, s'impose peu à peu aux esprits les plus novateurs, et dans un nombre grandissant de pays : l'Italie, l'Angleterre, l'Allemagne, l'Egypte, mais aussi la Belgique, où dès 1947 les recherches et les interventions du docteur Marcel Leclercq fortifient la jeune science. Ce dernier, spécialiste d'envergure mondiale des Taons, passionné par l'étude des Mouches, développe et accrédite l'entomologie légalement appliquée. Ses activités d'expert auprès du tribunal de Liège accroissent son audience internationale.

Marcel Leclercq a réalisé en quarante et un ans, quarante-neuf expertises entomologiques, depuis l'Institut médico-légal de Liège. La dernière en date a été la plus importante, pour cette suffisante raison qu'elle apparaît limite, le rôle majeur dans l'affaire revenant pour la première fois à un sacro-saprophile, c'est-à-dire non pas à des consommateurs directs de cadavre mais à un de leurs prédateurs.

Le texte suivant relate comment l'entomologiste et son collègue Charles Verstraeten, professeur à la Faculté des Sciences agronomiques de Gembloux, ont répondu dans ce cas précis à l'attente de la justice belge.

La cour intérieure du Palais de Justice de Liège.

Deux hommes, ce lundi 10 avril 1989, comparaissent devant la cour d'assises de Liège. Ils sont accusés d'avoir séquestré, menacé de mort, torturé, violé et assassiné N.R., une étudiante de 17 ans.

Leur arrestation a suivi le témoignage, survenu après un an d'hésitation, d'une autre jeune auto-stoppeuse qui fut la proie des deux hommes trois jours avant N.R.

Le 29 avril 1986, un bûcheron remarque des ossements humains à une quinzaine de kilomètres de Bastogne, en pays wallon. Ils gisent dans un coupe-feu du bois de Tillet. L'observateur alerte la police, et celle-ci le parquet de Liège. Une enquête est ouverte, et des experts mobilisés.

Un périmètre de recherche autant que de protection est dessiné sur le terrain. Tous les os et autres débris humains qu'il recèle sont recueillis avec le plus grand soin. Tout indice matériel est recherché, toute trace suspecte examinée. Enfin les insectes surpris sur les ossements ainsi que ce que les uns et les autres ont laissé derrière eux sont méthodiquement prélevés. Des clichés sont réalisés, et d'une façon générale les procédés auxquels recourt la police scientifique belge sont respectés.

Le docteur Dodinval, médecin légiste, paraît à la barre le 12 avril 1989, le troisième jour du procès comme tous les experts. Il énumère ce qu'il a trouvé sur une centaine de mètres carrés: des cheveux sans peau, des bouts d'ongles, des traces de graisse, un crâne sans partie molle, une mâchoire, une omoplate, des côtes dispersées, un bassin sans chair et fractionné, un fémur, un tibia, des fragments de péroné, un partie de cubitus et puis un collier, entouré de graisse. Les os sont étonnamment propres. L'observation du bassin permet au médecin d'affirmer qu'il s'agit de celui d'une femme, celle des molaires comme des sutures du crâne, bien lisibles, d'une femme jeune, ayant selon toute vraisemblance entre 15 et 21 ans. L'analyse du fémur confirme selon lui l'hypothèse. D'autre part, la longueur du tibia suggère que l'intéressée mesurait à peu près 1,60 m. Toutes ces précisions démontrent qu'il s'agit de N.R. portée disparue depuis le 18 août 1985, à Malmédy. Le collier est soumis au jugement du père de celle-ci, et reconnu, tandis que le dentiste de la jeune fille reconnaît de son côté, avec la certitude absolue, la dentition de son ex-patiente. Le problème de l'identité levé, le médecin légiste peut-il définir la cause du décès de l'intéressée ? Une petite trace et une seule doit être selon lui mentionnée : la partie interne de l'omoplate retrouvée, la droite, a perdu une écaille osseuse. Celle-ci aurait pu selon l'expert sauter sous une lame... Aucun impact de balle, aucun signe d'empoisonnement ne sont perceptibles.

Le médecin se retire, et l'entomologiste Marcel Leclercq lui succède. Ce dernier décline son identité, prête serment, et tente de répondre aux questions auxquelles, dans cette affaire, il est seul à pouvoir répondre : où et quand N.R. a-t-elle été tuée ?

Marcel Leclercq, pourvu de son habituel sac de terrain, a ramassé le 29 avril 1989, au cours de minutieuses et patientes recherches, cinq petits insectes contre les ossements, et quelques petites pupes de Mouches. Ces dernières ont la forme de tonnelets, assez allongés, de couleur cuir. Les larves parvenues à maturité les ont produits pour s'y métamorphoser, et les mouches qui en sont sorties les ont abandonnés sur place. Ces pupes appartiennent toutes à des mouches du genre **Piophila**. Des cinq autres insectes, un seul, après examen et identification au laboratoire, retient son attention – les quatre autres n'étant selon lui que des «opportunistes». Il s'agit d'un petit Coléoptère, de quelques 3 mm et demi, qualifié jadis par le naturaliste Paykull d'**Omalium rivulare**. L'entomologiste liégeois rencontre cet insecte en qualité d'expert pour la septième fois, mais le très faible nombre d'animaux trouvés en l'affaire attribue au Coléoptère une importance qu'il n'a encore jamais eu... Quel raisonnement peut-il être tenu à partir d'un aussi maigre butin : quelques pupes de Piophile et un Omalium adulte !? Comment focaliser l'attention des jurés ?

Marcel Leclercq reçoit de la station météorologique de Liège une série de données chiffrées concernant le bois de Tillet, relative à la température dans le sol, à celle de l'air sous abri, ainsi qu'aux minimales au-dessus du sol et à la durée de l'insolation. La période couverte remonte du 29 avril 1986, jour de la découverte des ossements, jusqu'au 18 août 1985, jour de

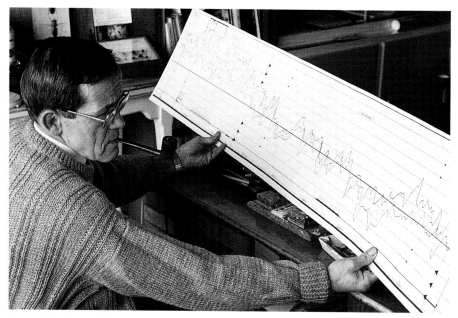

Marcel Leclercq devant son diagramme, où se trouve consigné l'essentiel de son argumentaire : la phénologie d'**Omalium** rapportée aux données météorologiques locales.

disparition de N.R. Un commentaire des phénomènes et paramètres les plus remarquables accompagne très utilement toutes ces précisions.

L'expert les consulte, et, conscient de l'important écart entre les deux dates, décide la traduction graphique des températures sous abri. La lecture du diagramme qui en résulte lui permet de distinguer très clairement trois périodes sur les neuf mois considérés. La première correspond au retour et à la réinstallation de la clémence, entre le 21 et le 29 avril 1986. Huit jours de température pleinement positive ; et même si entre le 25 et le 29 le temps est peu favorable à une reprise des activités **intense,** les maximums, supérieurs à 15°, suffisent à réactiver le vivant. Cette semaine a été précédée d'une longue période hivernale et de diapause pour les insectes, de 139 jours : du 21 octobre 1985 au 20 avril 1986. Elle comprend un enneigement continu du 11 novembre 1985 au 30 mars 1986. Le gel des sols entraîne celui des comportements, et nul insecte n'a pu tout ce temps circuler et se reproduire. Enfin une première période de 58 jours, très favorable celle-ci à la mobilité des arthropodes, installée le 18 août durera jusqu'au 20 octobre 1985. Les températures oscillent entre 5° certaines nuits d'octobre et 26°. Les mois d'août et septembre présentent un climat d'été typique.

Omalium rivulare sur une écorce détachée.

Les trois périodes définies, parce qu'elles sont bien tranchées, engendrent chez les insectes un clair état d'inhibition ou de stimulation, et facilitent chez l'expert la formulation d'hypothèses et l'interprétation.

L'Omalium que possède Marcel Leclercq est un jeune né, que l'état de sa vestiture, des plicatures de ses ailes et des sculptures de son tégument atteste amplement. Sa découverte contre un os le 29 avril signifie donc qu'il y est né, et resté. Les températures du 21 au 29 avril autorisent parfaitement son émergence. L'insecte a nécessairement passé la longue épreuve de l'hiver, depuis le 20 octobre 1985 au moins, à l'état larvaire sur les ossements, et bien avant le 21 octobre, date à partir de laquelle la campagne sombre cet automne-là en hiver. Les ossements étaient donc fin octobre à l'endroit où ils ont été trouvés. Marcel Leclercq concentre ensuite sa réflexion sur la période inaugurale du 18 août au 20 octobre. La température, chaude et bonne de la seconde quinzaine d'août, avec des pointes à 23 °C, 24 °C et même 27 °C contraint les insectes à une activité et une efficacité accrues. Dans ces conditions et dans un bois comme celui de Tillet, les ossements, s'ils avaient été en place dès le 18 août, ne pouvaient pas ne pas porter de traces des mouches de la première escouade de réducteurs, ainsi d'ailleurs que des mouches de la seconde escouade. Toutes ces absences prouvent que les restes du corps leur ont été soustraits. Le crime n'a donc pas eu lieu dans le bois. Les morceaux de corps retrouvés ne jonchaient pas le sol du coupe-feu entre le 18 août, jour où les premières mouches auraient senti et pondu sur le cadavre, et le début septembre, date à laquelle une première génération de mouches, sous l'effet des températures très estivales, aurait émergé. Une enveloppe **soigneusement** fermée, tels qu'un sac en plastique ou un coffre de voiture, peut tenir le corps à l'écart des sarco-saprophages les premiers sensibles. Les parties graisseuses retrouvées ne portaient elles aussi aucune trace des insectes normalement attirés par leur dégradation. Seule la quatrième escouade, matérialisée par des pupes de Piophiles, a eu accès au corps mutilé. Les femelles pondeuses de ce genre sont attirées dès que le cadavre, parvenu à un degré de décomposition très avancé, répand une effluve voisine de celle des fromages les plus avariés. Les pupes démontrent que les œufs déposés ont eu le temps d'incuber, les larves celui de croître puis de se nymphoser complètement, ce qui demande en temps normal, à 18 °C à peu près, quelques 25 à 30 jours.

Marcel Leclercq situe l'arrivée des Piophiles en fonction des données météorologiques vers le 10-12 septembre, et la naissance des nouveaux et premiers adultes vers le 29-30 du même mois. Le trait dominant de la biologie de l'Omalium est d'être un sarco-saprophile : il localise et rejoint un cadavre parce qu'il se nourrit d'insectes sarco-saprophages, c'est-à-dire de consommateurs directs de chairs mortes, très petits ou dans leurs tout premiers stades. Sa nourriture a donc été composée pour l'essentiel de larves de Piophiles. Marcel Leclercq estime la date de ponte des œufs aux environs du 2 septembre, et la croissance des larves étalée sur tout ce mois. La nymphose s'est trouvée ralentie, bloquée peu avant son terme par le froid, fin octobre. Les Omalium semblent être arrivés un peu avant les Piophiles, et appartenir dans ce cas à la seconde escouade. Du fait du temps qui aurait été nécessaire au développement complet de la première escouade, tout converge de telle sorte que rien, du point de vue entomologique, ne s'oppose à dater le jour du crime au 18 août, ou un ou deux jours seulement plus tard.

Un agronome, entomologiste lui aussi, Charles Verstraeten, de la Faculté des Sciences agronomiques de Gembloux, paraît à son tour à la barre. Il épouse d'emblée la conviction de Marcel Leclercq, selon lequel la quatrième escouade de « travailleurs de la mort » a été stoppée par l'hiver. N'aurait-il pas pu y avoir de traces d'insectes plus nombreuses sur le corps morcelé, les os découverts ayant été nettoyés et dispersés ? Des insectes n'auraient-ils pas pu contribuer, et plus ou moins massivement, à ce nettoyage ? Avant d'être eux-mêmes éliminés ? D'autres animaux n'auraient-ils pas pu intervenir ? Charles Verstraeten analyse et répond. Les Rongeurs selon lui n'ont pu exercer le moindre rôle, parce que toutes les espèces locales ne sont consommatrices que de plantes ou de graines. Des crottes de Renard ont été remarquées sur place, et un Renard peut certes tirer, casser et disperser des os, mais aucun de ceux-ci ne présente de traces de morsure, et le cartilage que le Renard croque est resté : l'animal n'est pas charognard l'été, c'est-à-dire à un moment où baies et proies le satisfont pleinement. Les musaraignes, friandes d'insectes, ne fréquentent pas l'endroit, trop acide pour elles. Quant aux oiseaux, leur action est nulle, d'une part faute de charognard dans la région, et d'autre part parce que les insectivores ne peuvent éliminer **parfaitement** toute trace d'arthropodes, sans parler du fait qu'ils ne travaillent pas sur sol gelé. Enfin et pour être complet, l'expert évoque les guêpes pour souligner qu'en arrière saison elles ne recherchent plus de viande, et qu'elles n'ont donc pas débarrassé les os de quoi que ce soit : nettoyage et dispersion ne résultent pas, selon l'orateur, de phénomènes naturels, les intempéries elle-mêmes étant impuissantes à disséminer des pupes de mouches.

D'autre part, l'odeur cadavérique, à laquelle chasseurs et chiens auraient pu être sensibles, a dû selon Charles Verstraeten se trouver retenue et atténuée par les frondes de Fougère aigle, espèce omniprésente sur les bords du coupe-feu et tous les endroits découverts du site.

Les experts affirment que le corps a été démembré – et non découpé comme en témoigne l'absence de certaines traces – et les parties découvertes transportées, nettoyées et dispersées par les coupables. Le décharnement – auquel il ne peut être attribué de raison – n'a pu être aussi bien réalisé que sur un corps putréfié ; affirmation qu'autorisent l'absence de trace de la première escouade d'insectes, et la présence, sur le terrain, d'Omalium.

Les jurés ont-ils été convaincus ? Les faibles interventions des avocats de la défense traduisent, de ce côté en tout cas, un réel inconfort... Les dépositions du médecin et des deux entomologistes sont, quoi qu'il advienne, très applaudies : la presse belge, qui couvre amplement le procès, publie le 13 avril 1989 des titres aussi évocateurs que «Les insectes ont trahi les accusés», comme *La Libre Belgique,* ou encore «Les insectes au service de la justice», comme *La Wallonie.* Et Nicole Jacquemin d'écrire dans *La Meuse* : «L'absence de certains insectes nécrophages traduit que le cadavre fut emballé dans du plastique, conservé dans un endroit hermétiquement fermé et déballé dans le coupe-feu par les assassins». Tous soulignent enfin, comme Laurent Monseur, l'aptitude de Marcel Leclercq à «faire remonter le décès de N.R. au jour de sa disparition ou dans les jours qui ont suivi»...

L'hiver, même **très rigoureux,** n'est désormais plus un obstacle pour découvrir de bons indicateurs sur des cadavres.

Crédits photographiques :
photographies p. 9, 10, 11, 12, 14, 15, 16 : Daniel Lainé ; photographies p. 18, 22, 26, 28, 30, 32, 34, 36, 38, 40, 45 : Norbert Verdié ; photographies p. 48, 50, 52, 53 : Jacques Delacour.